Catharina G Lundberg

ETT ÅR I RÅKANS VÄRLD

© 2020 Lundberg, Catharina G

Omslagsbild: Peter Elfman

Layout: Roman Lundberg

Förlag: BoD – Books on Demand, Stockholm, Sverige
Tryck: BoD – Books on Demand, Norderstedt, Tyskland

ISBN: 978-91-796-97341

INNEHÅLLSFÖRTECKNING

FÖRORD

"I would not exchange a seat at a rookery for the best entertainment in London" skrev G. K. Yeates 1934 i boken *The Life of the Rook* och bättre än så kan väl inte en bok om råkor börja.

Mitt råkintresse började i slutet av 1980-talet då flytten gått till en gammal prästgård i byn Mellan-Grevie på Söderslätt i Skåne. Till prästgården, som hade stått obebodd under ett flertal år, hörde en park med en råkkoloni omfattande ca 90 bon. Den aprilkväll 1986 då vi tittade på Prästgården för första gången var himlen över parken svart av fåglar. Vårt intrång gav upphov till upprörda råkröster - ljudet var öronbedövande. På den tiden led jag av en uttalad fågelfobi så valet av bostad berodde definitivt inte på råkorna. De 28 åren i prästgården visade sig dock bli en lyckträff, råkorna botade min fågelfobi och väckte en passion som inte bleknat med åren. Känslan när råkorna var samlade i kolonin - ofta förstärkta med en större mängd kajor - var magnifik. Ena ögonblicket vilade en stilla frid över kolonin, i nästa ögonblick var det fullt uppror. Det fanns så mycket att upptäcka och fascineras av hos dessa stiliga, svartglänsande, intelligenta, urskånska fåglar. Att få dela trädgård med en råkkoloni är ett privilegium. När vi lämnade Mellan-Grevie 2016 för Tågarpsgården på Österlen var det råkkolonin jag hade svårast att skiljas från.

Utan någon som helst zoologisk eller ornitologisk utbildning får jag i denna bok förlita mig på egna iakttagelser. Dessutom har jag haft förmånen av att ha tillgång till professor Torsten Malmbergs efterlämnade råkmaterial samt till Kenneth Bengtssons, Fågelskydd Spillepeng, råkkunskap och stöd. Mitt mål är att förmedla så mycket råkfakta jag kan och inte minst att väcka nyfikenhet på denna intelligenta, fantastiska och ofta mycket undervärderade fågel som finns mitt ibland oss - om man har förmånen att bo i Skåne bör väl tilläggas.

Jag vill introducera Er i råkornas värld genom min berättelse om råkungen Kajsa Kavat.

Zoologen William Yarell skrev 1844 "A good monograph of the rook could not fail to be as interesting as its compilation would be laborius" Så nu är det upp till bevis.

Kenth Andersson

"Goda vänner är som stjärnor

Du ser dem inte alltid men

Du vet att de alltid finns där"

Christy Evans

KAJSA KAVAT

Det hela började en förmiddag i mitten av maj månad. En ensam råkunge vandrade fram och tillbaka på gräsmattan utanför vår köksdörr i Mellan-Grevie. Råkungen hade ramlat ner från sitt bo i råkkolonin som fanns i parken till vår trädgård. Råkföräldrarna hade säkert, som råkföräldrar brukar när ungar ramlat ur boet och de inte med skrik och rop lyckats få upp dem i boet igen (vilket för övrigt synes helt omöjligt då råkungarna ramlat ner p.g.a. att de varit för små för att flyga) helt övergivet ungen. Råkungen skrek och var förmodligen helt utsvulten. Vad gör man då som djurvän med förfärlig fågelfobi? Jag ringde biologen Jan-Åke Hillarp och fick rådet att försöka mata ungen med kattmat. Efter stor vånda ålade jag mig fram på magen på gräsmattan, sträckte fram en genomsvettig hand med kattmat och ungen gapade och åt. Ungen var inte rädd, men det var jag. Hur som helst så upprepades proceduren hela dagen. Det kändes inte bra att bara lämna henne (om det nu var en hon) på gräsmattan över natten så jag lyfte upp henne i ett lågt äppleträd ett tiotal meter från kolonin. Att ta i råkungen var ett ännu större elddop än att stoppa mat i näbben på henne, jag vet fortfarande inte hur det gick till. Bara tanken på att ta i fjädrar för att inte tala om fågelfötter hade sedan barnsben gjort mig svimfärdig. Vid det laget hade råkungen redan fått namnet Kajsa Kavat. Hon satt stadigt i sin grenklyka följande morgon och så inleddes en bekantskap som höll hela den sommaren.

De följande två - tre veckorna utvecklades Kajsa stadigt helt fokuserad på köksdörren som jag kom ut genom vid matningsdags. Hon kunde fortfarande inte flyga och var helt beroende av att maten stoppades in i hennes gap. Hon åt ungefär en gång i timmen från kl fem på morgonen tills kvällsmörkret föll. Fyra hg kattmat per dygn gick lätt ner. Så länge Kajsa höll näbben öppen fick hon mat. Hon visade redan de första dagarna mycket tydligt när hon var mätt och belåten. Dels stängde hon näbben, dels gav hon ifrån sig ett svagt kurrande ljud. Därefter torkade hon gärna ren näbben på någon gren eller kvist som hon kom åt. De få dagar under maj och juni som vädret var dåligt åt Kajsa betydligt mindre än vanligt. Att fåglar i rörelse minskar födointaget då de rör sig lite som vid ihållande regnväder är väl förståeligt men att en fågel som ändå sitter stilla påverkas förstod jag inte och oroade mig givetvis för Kajsas hälsa, helt i onödan. Det var mycket jag inte förstod. Att råkor gömmer mat för framtida behov hade jag t.ex. ingen tanke på. Jag blev väldigt konfunderad när Kajsa redan tidigt under vår bekantskap kunde ta en kattorris i näbben och stoppa in den mellan stenar eller under nedfallna blad istället för att äta upp den.

Efter några veckor vågade Kajsa sig på sitt första seriösa flygförsök - givetvis ivrigt påhejad av mig - men försöket slutade i en buklandning mitt i dvärghönsflocken som var ute på promenad och som blev ytterst förgrymmad. Kajsa var tydligt omskakad av händelsen och höll sig på marken och lägre trädgrenar i flera dagar. Sedan lossnade det plötsligt och flygning på låg höjd fungerade utmärkt. Då kom ett nytt orosmoment för mig, tänk om Kajsa led av höjdskräck!

Ungefär samtidigt med premiärflygningen började Kajsa kunna plocka matbitar som hölls fram mot henne. Eftersom hon gick omkring i trädgården och drack vatten ur katternas uteskål kunde den kladdiga kattmaten bytas ut mot kattorrfoder vilket Kajsa faktiskt föredrog - kanske för att hon hade ett rysligt ståhej med att torka av näbben efter alla kladdiga måltider. Det var frestande att ta reda på vad Kajsa uppskattade i matväg. Kattmaten var basföda men även jordgubbar, - absolut inte hallon- äpplen och nötter var populära. Det allra godaste tyckte Kajsa var nybakat franskbröd och eftersom det inte finns något råkhälsoinstitut så var det säkert helt i sin ordning. Mask var inte alls i hennes smak. Senare har jag läst mig till att mask utgör den största och viktigaste delen av råkungars föda, men den sommaren saknade både Kajsa och jag den vetskapen. Det visade sig senare att Kajsa hyste en förkärlek för päron vilket jag inte trodde var bra för en fågelmage. Redan tidigt började Kajsa med näbben undersöka sprickor och håligheter, vilket jag fann besynnerligt. Att Kajsa hade en instinktiv drift att leta efter smådjur förstod jag inte.

Kajsa Kavat var inte så snabb med att följa med råkflocken på födosök utan höll sig gärna i min närhet hela juni. Det gick så långt att jag kände igen hennes röst (bland 90 råkpar med ungar) och hon min. Det räckte att ropa hennes namn så svarade hon direkt. En morgon efter en regning natt kom jag ut och såg inte till Kajsa. Efter några desperata rop såg jag en liten ynklig genomvåt råkunge komma gående mot mig genom undervegetationen från parken. Det var bedrövligt och givetvis lyfte jag upp den lilla stackaren - hon var i stort behov av tröst.

Kajsas första flygning upp till trädtopparna och kolonin var en triumffärd. Då började en om möjligt ännu mer spännande period. Kajsa levde samtidigt med sina släktingar i kolonin och på min axel. Det märkliga var att hon inte alltid tog emot de godbitar jag erbjöd henne utan helt enkelt kom för att umgås. En vecka in i augusti var hon så självständig att det kunde gå en eller två dagar då jag inte såg till henne De dagar vi träffades var emellertid glädjedagar då hon knappast lämnade min axel. Kajsa var mycket noga med att snyggt och prydligt landa på min axel. Under senare år har jag träffat flera råkungar som gjort mindre genomtänkta landningar, trasslat in fötterna i mitt hår etc.

En kväll i slutet av augusti, när jag satt ute i trädgården med min kaffemugg fick jag min finaste råkupplevelse någonsin. I skymningen kom en stor flock råkor hemflygande till kolonin följd av en liten grupp på 10-12 ungråkor. Plötsligt störtdyker en av ungråkorna, landar på min axel och kraxar våldsamt. Det var givetvis Kajsa Kavat. Hon var mycket uppspelt och hade hon kunnat tala är jag övertygad att det hade blivit något i stil med "jag har minsann varit ute med de stora grabbarna jag och Du skulle bara visst hur många godsaker jag har hittat o.s.v. o.s.v." Efter någon minuts råkpladder flög hon upp till kolonin och blandade sig med de andra råkorna. Tack och lov hade jag sällskap vid trädgårdsbordet den kvällen av både min man och familjens veterinär, så det finns vittnen, annars tror jag knappast att jag blivit trodd. Det mest fantastiska var ju att Kajsa Kavat inte sökte kontakt för att få mat utan för att dela med sig av sina upplevelser. Efter den kvällen började jag fundera över hur mycket råkor kommunicerar med varandra.

Utdrag ur Kajsas dagbok för augusti:

16 augusti Kajsa åt frukost 5.50 och hann med ytterligare två gratismål under förmiddagen. Hela kolonin var på arbetsutfärd mellan 14-21.

17 augusti Kajsa åt frukost 7.30. Hela kolonin drog iväg på eftermiddagen. Jag missade inflygningen.

18 augusti Ve och fasa - inga råkor hemma på morgonen. Var hade de tillbringat natten? 7.15 kom hela gänget åtföljda av kajor. 7.30 när jag kom hem från hundrundan väntade Kajsa på mig. Hon var inte speciellt hungrig men mycket sällskapssjuk och satt länge på min axel. Kajsa observerades av en

efterhängsen kaja som försökte plundra Kajsas skafferi i valnötsträdet. Kajsa flög för första gången upp i parkens trädkronor med en större brödbit i näbben. (Juliakaka - nästan lika gott som franskbrödbulle). Stor aktivitet i bona. Större delen av kolonin flög iväg under förmiddagen bara enstaka fåglar stannade kvar och kretsade runt bona. Hemkomst 21.15.

19 augusti Avfärd 8.15. Dåligt väder. 13.55 kom ungefär hälften av kolonin hem. Oorganiserad eftermiddag. Ca 20 råkor kretsade runt bona. Hemkomst 20.05.

Det var min första sommar med en råkunge på axeln. Jag fick genomsökt håret åtskilliga gånger, förhoppningsvis hittade inte Kajsa de småkryp hon förväntat sig. Jag gick omkring lomhörd periodvis eftersom Kajsa kunde vara ganska högljudd och öronnära när det var något som inte passade t.ex. att maten var försenad. Jag hade många tider att passa - Kajsas måltider - och fick ställa om i det vanliga tidsschemat, köra hem på lunchen från jobbet, ta extra semesterdagar etc. Jag var inte ensam om att läsa en bok och dricka mitt kaffe vid trädgårdsbordet - det blev många avslitna hundöron på den sommarens böcker och många utslagna kaffemuggar. Den sommaren

16

kostade mig också ett par nya läsglasögon eftersom Kajsa lyckades lägga beslag på dem jag hade när jag glömt dem på trädgårdsbordet. Det var inte vidare roligt att hitta glasögonen i ett busksnår en vecka senare - väl använda. Men det var värt varenda minut och definitivt kostnaden hos optikern.

Kajsa var helt avståndstagande för andra människor. Hon kände mig men det innebar inte att hon accepterade någon annan. Egentligen helt naturligt - hur hade jag själv reagerat om ett gäng för mig främmande råkor helt plötsligt börjat landa på mina axlar, pilla i mitt hår etc. etc.?

Min råkvän Kajsa Kavat lämnade mig i slutet av september samtidigt som många andra ungråkor lämnade kolonin. Jag saknade henne mer än jag kan beskriva men samtidigt var jag mycket stolt över Kajsa, som trots en trasslig uppväxt, utvecklats till en fullvärdig medlem av råksläktet. Kajsa sågs sedan inte till förrän året därpå i slutet av april. Det var ett kort besök. En morgon satt hon i den syrenbuske som hon tillbringat mycket tid i innan hon var flygg. Att det var Kajsa rådde det ingen tvekan om eftersom Kajsa var ringmärkt. Kajsa satt högt uppe i busken och fullkomligt skrek när hon fick syn på mig. Jag stod under busken och skrek nog lika högt. Det var lycka! Sen sågs vi aldrig mer, men Kajsa hade bevisat att hon hade klarat vintermånaderna - förmodligen flygluffande utomlands - och var på väg till ett eget förhoppningsvis lyckligt liv.

Att man inte ska förmänskliga djur är vida bekant men likheterna mellan oss människor och råkor är inte helt försumbar. Jag brukar tänka att livet i råkkolonierna i mars då bobyggandet är igång och råkorna fullt sysselsatta under skrik och skrän påminner om inflyttningen i ett nybyggt villakvarter. Alla anlägger gräsmattor, planterar häckar, bygger staket, sätter upp studsmattor till barnen etc. Visst låter det om ett nyanlagt villaområde också? Vi är angelägna om att få våra hem så fina som möjligt och det måste ju råkorna också vara som pryder sina bon med lärkkottar och annan grannlåt. Att bo enslig är det bara en del av oss som uppskattar, de flesta vill gärna ha grannar, gatubelysning, liv och rörelse omkring sig. Grannar och gatubelysning innebär trygghet och det är samma sak för råkorna. Hur många är vi inte som ibland passerar pizzerian eller köper färdigmat på ICA på väg hem från jobb för att slippa lägga tid på matlagning? Råkorna är också bekväma. Det är betydligt mindre

ansträngande att vittja en papperskorg än att ge sig ut
på fälten för att leta efter maskar och småkryp.

UTSEENDE

"Råkan är svart som korpen, stor som kråkan och sällskaplig som kajan" skriver Erik Rosenberg i *Fåglar i Sverige* (1953).

Fjäderdräkten är förvisso svart men skiftar i de vackraste blåa, gröna och gredelina toner. Hela året ser fjäderdräkten likadan ut.

Mellan vingspetsarna mäter hanarna ca 94 cm och honorna ca 91 cm enligt Franklin Coombs, *The crows* (1978). Vikten varierar, enligt Coombs, på så sätt att hanarna väger i genomsnitt 531 gram under perioden augusti-februari och 486 gram under perioden mars-juli. Motsvarande siffror för honorna är 435 gram respektive 407 gram. Coombs har också mätt vingens längd vilken uppgår till 305-330 mm för hanar och 290-311 mm för honor. Franklin Coombs studerade råkor i England och kanske framför allt i Cornwall. Kenneth Bengtsson har gjort motsvarande studie på råkor i sydvästra Skåne och kommit till samma resultat. Den högsta vikten som han uppmätte var 520 gram avseende en råka i god kondition i januari månad. Det är omöjligt att med blotta ögat avgöra könet på en ensam råka eftersom honor och hanar ser likadana ut.

FÖDA OCH MILJÖER

Torsten Malmberg skriver i *Skånes fåglar del II* (1996) att det finns två generella krav för råkans existens nämligen öppen mark att proviantera på och träd att bygga bo i.

"Råkorna ropar i alla träd som äro planterade kring byarna på slätten" skriver Linné i sin Skånska resa 1749.

Av det svenska råkbeståndet, som uppgår till ca 50.000 par, beräknas 90 % häcka i Skåne och då i de delar av landskapet som inte är skogbevuxet. Råkans Skåne dominerades länge av åkrar, ängar och trädrika byar men allt eftersom landskapsbilden ändrats har även råkorna - precis som vi människor - i allt större utsträckning flyttat från landsbygd till tätorter. Anledningen till råkans stadsliv är given. Dels kastas och spills det mycket mat där många människor vistas, dels är gatlyktor och rörelse ett skydd mot predatorer d.v.s. mård och rovfåglar (främst duvhök).

Så länge beståndet av alm var stort var almen ett givet boträd med sin höjd och sina grenklykor långt ut i grenverket. Råkan bygger inte inne vid trädstammen.

Råkorna har märkligt nog övergett almar som angripits av sjukdom redan innan sjukdomen blivit uppenbar för det mänskliga ögat. Sedan almsjukan bredde ut sig ser man allt oftare bon i kastanj, bok, gran och fur. Det har t.o.m. hänt att råkor häckat i kraftledningsstolpar.

Råkornas födointag består till ca 50% av vegetabilier och ca 50% animalier. På vegetabiliesidan kan nämnas bl.a. potatis, säd, ärtor och majs. Sädesfälten är populära vid sådden men inte när plantorna blivit högre. På animaliesidan kan nämnas i första hand mask och skalbaggar men även insekter och diverse larver, ofta sådana som vi kallar skadedjur. Råkan är normalt inte intresserad av vare sig fågelungar eller ägg. I *British Birds vol 41 1948* skriver JH Rayner om sin förvåning över att ha sett råkor äta på ett kadaver. Även Torsten Malmberg *Skånes fåglar II (*1996) har hävdat att råkor under hårda vintrar kan äta fallvilt i t.ex. vägkanter.

Om man vill hjälpa råkorna under vintermånaderna så är fågelfröer, talgbollar, nötter och äpplen ett välkommet tillskott. Råkorna uppskattar också rester av pasta och potatis.

NYTTA ELLER SKADA FÖR LANTBRUKS-NÄRINGEN

Frågan om råkan är skadlig eller nyttig för jordbruksnäringen är inte lätt att besvara och har diskuterats redan i svunna tider. Att råkor gärna plundrar fält med säd, potatis, majs etc. är välkänt men att de också är en tillgång för bekämpning av larver tycks det vara färre som känner till.

23

E.Lönnberg redogör för sin syn på svenska fåglars nytta eller skada för lantbruket i *Lantbruks Akademins Handlingar och Tidskrift* 1905:255-264. Han skriver beträffande råkan "Råkan bortplockar visserligen en hel del larver och dylikt men äter å andra sidan så mycket säd så att det är ovisst åt hvilket håll vågskålen i verkligheten lutar".

I *Dagens Tidning* 1913 volym 92 sid 1-15 behandlas Landtbruket och kråkfåglarna av R Palmgren och här framhålles råkornas betydelse för bekämpning av larver.

Även ett flertal tyska forskare har i början av 1900-talet framhållit råkans betydelse för odlingslandskapet.

Sommaren 2013 var de skånska sockerbetsfälten kraftigt angripna av gammaflylarver och utan råkans insats på betfälten hade betskörden det året med all säkerhet blivit mycket dålig. Det klagas ibland på att råkorna förstör på golfbanor medan de istället på sikt är till stor hjälp genom att plocka ollonborrslarver och harkrankslarver som förstör gräsrötterna.

Då ekologiska odlingar ligger i tiden är det bara att hoppas att råkornas insatser åter kommer att värdesättas.

Det finns stora möjligheter att minska råkornas skador. Råkan går inte in i högväxande grödor så uppåtväxande ärtsorter klarar sig från angrepp medan liggande ärtsorter löper risk att bli angripna. Närheten till råkor skulle kanske tagas i beaktande vid val av vilken ärtsort som ska odlas. Vattenbrist kan vara en orsak till att råkor orsakar skador. Salladsfält är ett bra exempel och kan lätt skyddas genom att vatten ställs ut. Ofta hörs också klagomål på att råkor punkterar ensilage-balar. Om balarna placeras under ett högt träd så angrips de inte. Råkorna har ju då ingen möjlighet att kontrollera om det finns rovfåglar i trädet.

Jens B Bruun

INTELLIGENS OCH LÄTEN

I *illustrerad vetenskap nr 6/2009* skriver Rasmus Kragh Jakobsen "Kråkfåglar är lika intelligenta som schimpanser och överträffar dem till och med på vissa punkter". Han har dragit slutsatsen att kråkfåglar har fyra mentala förmågor ihop med oss människor.

1:Logiskt tänkande   2:Flexibilitet 3: Problemlösning 4:Mental tidsresa

Att råkor klarar av att dra upp snören med talgbollar i är vi många som har sett. Råkan drar med näbben upp snöret så långt den kan och håller sedan fast snöret med en klo. Fortsätter att dra upp en bit till av snöret och hålla fast med klon tills talgbollen är räddad. Detta är ett bevis för råkans förmåga till såväl problemlösning som logiskt tänkande och flexibilitet. Förmågan till mental tidsresa kan man se genom att råkorna hamstrar och gömmer mat för framtida behov.

Jag vill också gärna tolka råkornas skepsis mot ny mat som ett tecken på intelligens. Skator, som är mindre försiktiga, får ofta vara råkornas munskänkar.

I den canadensiska dokumentärfilmen *A Murder of Crows* producerad av Susan Fleming 2009 visas alla de ovannämnda mentala förmågorna. Filmen bygger på dokumentation av biologen John Marzluff vid University of Washington.

Professor Nicola Clayton vid Cambridge University har enligt artikeln av Rasmus Kragh Jakobsen i *Illustrerad vetenskap nr 6/2009* granskat kråkfåglars intelligens och kommit fram till att en viktig aspekt av kråkfåglarnas sociala liv är stöld och bedrägeri.

Samtidigt bör det påpekas att kråkfåglarna även har empatiska drag. På ett mycket intressant föredrag berättade docent Mathias Oswald, Lunds Universitet, om hur han hade utfodrat råkor som han hade i ett

27

hägn. Dessa råkor, som hade god tillgång till mat, hade kastat ut mat till råkor som levde fritt i den bistra verkligheten utanför hägnet. Ett annat exempel som jag själv upplevt här på Tågarpsgården inträffade när jag skulle passa råkungen Edgar III under en kort tid. Edgar III hade ramlat ur sitt bo och togs om hand av en familj i grannbyn. Edgar III var ett praktexemplar men var för liten för att kunna flyga. Han höll sig i familjens trädgård med ständig uppassning. När Edgar IIIs familj var tvungen att resa bort över en helg stoppades han helt sonika in i en kattransport och kördes till mig. Eftersom det var en ny miljö för Edgar III så vågade jag inte bara placera honom i en buske utan tog fram en stor bur som placerades på gårdsplanen. Varje gång jag gick ut med mat till Edgar III så kraxade han högt och flera gånger hände det att en kråka som håller till på Tågarpsgården grep in och försökte skrämma bort mig. Någon form av språkförbistring rådde uppenbart. Edgar III var givetvis väldigt angelägen om att få mat och kraxade av förväntan- han var inte det minsta rädd för mig utan lät sig gärna matas, medan kråkan uppfattade att Edgar III var hotad och försökte hjälpa honom. Förmodligen var kråkan lika lättad som jag var när Edgar III åkte hem.

I *Fåglars sång och läten* av Lars Gårding (1987) beskrivs råkans kraxande som ett lågt och kompakt kraa. Umgås man med råkor så noterar man fort att de liksom vi människor har olika röster. Det tycks också förekomma dialektala skillnader mellan råkor från olika delar av Skåne. Under min tid med rehabilitering av råkungar i Mellan-Grevie fick jag hem en råkunge från Simrishamn och kunde förvånat konstatera att den lät helt annorlunda än råkungar från Söderslätt.

Jan-Åke Hillarp

ÄLSKAD-HATAD

Om råkor tycks det mycket. En del av oss älskar dessa för Skåne så typiska fåglar, andra fullkomligt hatar dem. Att råkor väcker starka känslor råder det inget tvivel om.

Det är lätt att tro att råkan har varit en kontroversiell fågel även under tidigare århundraden men detta är nog inte helt sanningsenligt. Före mitten av 1800-talet, innan byarna i Skåne skiftades, sägs det att råkorna var byns och gårdens goda andar, lyckotecken, som man inte ostraffat bar hand på. Detta härrrör förmodligen från hednisk tid och har kanske att göra med råkans korplikhet. I Cornwall lever en legend att om en gård förlorar sin råkkoloni så kommer gården att drabbas av olyckor. Det finns många myter om råkor.

Råkor har studerats betydligt mer i England än i Sverige. Redan 1847-1848 gjordes en studie av råkor på godset Trelawne i Cornwall. Det påstås att den studien är den första omfattande studie som någonsin gjorts av en enskild fågelart. Anledningen till studien är intressant i sig. I boken *The rooks of Trelawne* (1976) av Andrew Lanyon berättas om en engelsman som hade återvänt till godset från en avlägsen kontinent. Mannen var mycket sjuk när han återvände och hans läkare fann det nödvändigt att ordinera någon form av sysselsättning som krävde konstant uppmärksamhet utan att förorsaka obehag och oro. Ordinationen blev att observera råkornas förehavanden. Mannen tillfrisknade och förhoppningsvis var det tack vare rätt ordination.

Varje vår är det samma visa. Det klagas från många håll på råkor som för oväsen och smutsar ner. När det gäller spillningen så är denna lätt att spola bort med vattenslangen och någon smitta behöver man inte befara. Det märkliga är att klagomålen nästan alltid kommer från människor som flyttat till ett område i närheten av en råkkoloni - inte från dem som är uppväxta med råkor. Tvärtom är vi många som njuter av råkorna och som skulle sakna deras kraxande om det blev tyst. Jag har träffat många personer som verkligen led av tystnaden när råkorna höll på att dö ut på grund av kvicksilverförgiftning på 1960-talet. Ljudnivån är dessutom inte hög varken på vintern, hösten eller sommaren. Det är under tiden råkorna bygger bo, lägger ägg och sen tar hand om sina ungar som det låter om kolonierna d.v.s. från början av mars till mitten av juni. Det är också mycket märkligt att nutidsmänniskan kan acceptera oljud från motorsågar, motorgräsklippare, bilar etc. men inte naturens egna ljud. Köper man ett hus vid en järnväg så får man acceptera att tågen kör förbi men att acceptera en råkkoloni som granne synes inte alls lika självklart. I en koloni där råkorna känner sig trygga är ljudnivån betydligt lägre än i en koloni där det är ständig oro. Råkor är oerhört vaksamma och misstänksamma om de upplever förändringar.

Lennart Kjellgren, känd skånsk vissångare, skrev 2002 följande dikt till råkorna i "min" Mellan-Grevie koloni när jag fick problem med en störd granne (givetvis nyinflyttad).

"Tänk att det finns människor som inte förstår,
vår fina konsert när det lider mot vår,
helt gratis vi sjunga från morgon till kväll,
med nattligt da capo intill hanagäll,
och körens solister kan ta höga C,
det är det fina i råksången de",

Frågan "hur kan du bo mitt i en råkkoloni - kan du verkligen sova till det oljudet" fick jag ofta under mina år i Mellan-Grevie. Jag vaknade inte *av* råkorna - jag vaknade *till* dem och för mig var det lika fantastiskt varje morgon. En man som var och lyssnade på ett råkföredrag i Revinge fällde följande kommentar: "När jag flyttade hit stördes jag enormt av råkornas skrän. Idag märker jag inte av dem. Ljudet är en del av den vardagliga ljudmassan och min hjärna filtrerar bort det. Man ska bara vänja sig." En man från Eslöv jämför sitt boende i närheten av en råkkoloni med ett boende vid havet. "Havets ständiga brus och närvaro skapar en ljudkuliss- detsamma gör råkorna i Eslöv".

Det har till och med förekommit flera rättstvister om råkkoloniers vara eller inte vara. 2012 kom äntligen ett prejudikat från Mark- och miljööverdomstolen (mål nr M 8510/11). En kvinna som bodde i närheten av en råkkoloni med 25-30 bon i Rydebäck i Skåne ville ha bort råkorna eftersom hon ansåg att råkorna störde hennes nattsömn och dessutom smutsade ner. Hon hävdade att Miljönämnden i Helsingborg skulle ta bort bona. Miljönämnden motsatte sig detta med bl.a. motiveringen att råkkolonin var ett naturligt inslag i miljön och att störningarna, med hänsyn till störningarnas begränsade omfattning, inte var en olägenhet för människors hälsa. Miljönämnden vann målet.

Mer än en gång har jag fått frågan hur man ska kunna bli av med en råkkoloni. Det givna svaret är "såga ner träden som råkorna häckar i, men gör det före eller efter häckningssäsongen". Svaret har aldrig uppskattats och det är förståeligt. Beskärning av träd och då i synnerhet av de grenar som är lämpliga för råkorna att placera sina bon på är en mindre drastisk lösning. Det finns åtskilliga skrämselprodukter att köpa på marknaden allt från rörliga rovfågelssilhuetter till flygande drakar och skrämselljud. Råkorna har emellertid god förmåga att ganska snart genomskåda dylika arrangemang även om de initialt uppfattar produkterna som farliga.

Då kan man ställa sig frågan hur gör man då för att istället få råkorna att etablera sig. (Ingen fråga som jag någonsin fått!) Själv har jag emellertid funderat mycket på detta. Flytten 2016 från Prästgården i Mellan-Grevie till Tågarpsgården på Österlen innebar att jag inte längre levde mitt bland råkor och saknaden var stor. Tågarpsgården har precis som Prästgården i Mellan-Grevie en park med höga träd och är omgiven av öppen odlad mark. På bara någon kilometers avstånd finns två stora kolonier. Under 2016 och 2017 såg jag aldrig någon råka ens flyga över Tågarpsgården trots att de besökte fälten runt gården. En möjlig förklaring har jag hittat efter att ha sett den canadensiska dokumentärfilmen *A Murder of Crows*, som nämnts tidigare. Filmen visade inte bara att fåglarna kom ihåg och var rädda för människor som gjort dem illa. De lyckades även föra över rädslan till artfränder och till och med till nästa generation. En helt fantastisk film. Kan det vara så att råkorna en gång i tiden helt enkelt jagades bort från Tågarpsgården? Förklaringen skulle också kunna vara att det häckar ett gladpar på gården. Nåväl, attityder kan väl ändras även hos råkor. Efter intensiv råkutfodring under 2018 började råkorna närma sig. I skrivande stund (vintern 2020) går jag ut på morgonen och ropar högt på råkorna, varvid ett 50-tal råkor störtdyker och låter sig väl smaka av frukosten som bjuds. Välkokt spagetti var en populär rätt för råkorna i Mellan-Grevie men på Tågarpsgården möttes spagettin med stor skepsis. Det är emellertid överspelat nu så spagetti, hund- och kattmat, kokt potatis, äpplen, säd, talgbollar och bröd har en strykande åtgång. Målsättningen är att råkorna ska etablera sig på gården och framtiden får utvisa om det lyckas.

Foto: Kenth Andersson

REHABILITERING AV RÅKUNGAR

Under de senaste 30 åren har jag försökt att rehabilitera råkungar som ramlat ur bona innan de är flygga. Hur stor procent av råkungarna som ramlar ur bona för tidigt varierar givetvis med hänsyn till väder och vind. Vid för råkorna gynnsam väderlek rör det sig, enligt min egen statistik, baserad på ca 90 bon och 30 års erfarenhet, om i snitt en unge per 10 bon. År med kraftiga vårvindar har antalet nedfallna ungar varit betydligt fler, dock är bona förvånansvärt stabila. Råkan är speciell i det avseendet att den inte hjälper ungar som av någon anledning lämnat boet för tidigt. De koncentrerar sig på ungarna som är kvar i boet. Det finns teorier om att det skulle vara något fel på de ungar som ramlar ner, men det tror jag inte är hela sanningen. Det förekommer säkert att sjuka och svaga ungar ramlar ner, men jag är också övertygad om att bland de nedfallna ungarna finns våghalsiga och försigkomna individer som ramlar ner när de sträcker sig för långt ut för att vara de första som får del av föräldrarnas matning.

En råkkoloni består av individer med olika förmågor. Precis som hos andra djurslag finns stora individuella skillnader. Hos råkan kan det t.ex. röra sig om konsten att lösa problem, bygga stabila bon och lyckas med häckningen. Individuella drag är lätta att observera redan hos råkungarna. Trots samma betingelser är vissa frimodiga andra skygga, vissa förstår genast att tigga mat medan andra kan ta flera dagar på sig att inse att det gäller att hålla sig framme etc.

Ofta hör man, även av personer som är fågelkunniga, att man förstör anpassningen till ett normalt råkliv för de ungar som man handuppföder. Detta är en sanning med modifikation. Bor man i anslutning till en koloni fungerar det alldeles utmärkt att hjälpa nedfallna råkungar. En nedfallen råkunge överlever bara 1 -2 dygn utan hjälp. Det gäller alltså att hitta dem så snart som möjligt. Det första man ska försöka med är att sätta upp en nedfallen unge så högt upp i boträdet som möjligt. Tyvärr ramlar de flesta ner igen och då klarar de sig inte utan mänsklig hjälp. Jag brukar börja min rehabilitering med några droppar vatten uppblandat med druvsocker (1/10 druvsocker och 9/10 vatten). Det enklaste är att ge dem vätskan med hjälp av en liten spruta (givetvis utan kanyl). Efter uppvätskning brukar det fungera bra med katttorrfoder som lagts i blöt några timmar. Många ungar gapar självmant och annars är det bara att föra maten upp och ner framför näbben varvid de troligen reflexmässigt öppnar den. Är man då snabb och stoppar in lite mat så lär de sig otroligt snabbt och nästa gång gapar de utan vidare. De ungar som behöver tvångsmatas är i regel i så dålig kondition att det är för sent att rädda dem. Ofta kan man se redan från början om de har en chans att överleva. Min egen erfarenhet är att ju rödare gap de uppvisar desto större är möjligheten för dem. Ljusa slemhinnor brukar betyda att fågeln är i mycket dåligt skick och har varit utan mat och vatten för länge. (För äldre råkor är det helt normalt med ljusare, svagt rosafärgat gap.) Det gäller att mata ofta eftersom råkorna har en mycket snabb förbränning. Jag brukar mata varannan timme under den ljusa delen av dygnet. Någon risk att mata för mycket tror jag inte finns. Så länge ungen gapar och vill ha mat så är det bara att fortsätta. När de är mätta stänger de helt enkelt näbben. De brukar också ge ifrån sig ett belåtet smackande efter måltiden och gärna putsa näbben. Det är aldrig problem att blanda råkungar från olika kolonier, de accepterar alltid varandra. Redan små ungar brukar kunna sitta på en gren. Skulle de inte lyckas hålla sig kvar så kan en mossklädd ampel rekommenderas. Direkt på marken bör de inte sitta med tanke på eventuell kyla underifrån. Det bästa är att placera alla ungarna tillsammans i en buske så pass högt upp att man precis kan nå att mata dem. Ungarna har ju då möjlighet att titta ner på den som matar istället för att mataren "kastar sig" över ungarna.Vad som kanske är allra viktigast är att samma person matar hela tiden. Råkungarna vänjer sig vid den personen men upplever inte att människor i gemen är ofarliga.

Kenneth Bengtsson

En handuppfödd råkunge kommer lätt in i gemenskapen med andra råkor. För skator och kråkor hade detta inte lyckats eftersom de håller ihop familjevis och inte släpper in någon utomstående. Möjligen skulle man kunna handuppföda ett antal skatungar som sedan bildade en egen flock. Vid handuppfödning av råkungar är det en klar fördel att föda upp flera stycken samtidigt. De följs åt även när de blivit flygga åtminstone de första veckorna. Det senare har varit lätt att konstatera eftersom "mina" handuppfödda ungar fortsatte att tigga mat av mig när de inte blivit mätta på vad de själva lyckats hitta. Då kom hela den handuppfödda flocken samtidigt och landade i något träd eller på ett lågt hustak och påkallade min uppmärksamhet. Ju längre tid som gick ju mer sällan behövde de hjälp.

Det lustiga är att trots att råkföräldrarna inte själva hjälpte ungarna så höll de gärna ett öga på vad jag gjorde och fanns ofta i närheten utan någon som helst aggression. En enda gång har jag varit med om att ett råkpar helt enkelt hämtade en unge. De lyckades locka ner den från busken och ungen flaxade efter dem.

Rehabilitera råkungar kan man alltså lugnt göra under förutsättning att det sker i anslutning till en koloni. Ungarna får mat och har samtidigt kolonin med alla dess ljud runt sig. När väl ungarna är flygga så blandar de sig med råkorna i kolonin och flyger bara ner för att få mat. Efter ett tag klarar de sig utan mänsklig hjälp och blir precis lika försiktiga som de andra råkorna.

Jag har haft förmånen att få "mina" råkungar ring-märkta. Två återfynd har det blivit. Båda återfynden var tvååringar. Den ene hade flugit över till Kastrups flygplats och blivit skjuten där. Att råkor skjuts med hänsyn till flygsäkerhet får kanske accepteras. Den

41

andra råkade ut för en skyddsjägare i Skanör. Jag blev givetvis ledsen över att mina handuppfödda råkungar inte fick ett längre liv. Samtidigt bevisade återfynden att handuppfödningen faktiskt lyckats.

På Tågarpsgården har jag tillgång till en av Naturvårdsverket godkänd flygvoljär och det känns tryggt att hålla råkungarna instängda de första dagarna.

I Sverige har det inte förekommit ringmärkning av råkor i någon större omfattning förrän på 1990-talet, så återfynden är inte så många. Enligt Ringmärknings-centralen på Naturhistoriska Riksmuseet har fr.o.m 1911 t.o.m 2017 endast ca 4.000 råkor ringmärkts. T.o.m juni 2018 var åldersrekordet för svensk-ringmärkta råkor 21 år och 10 månader. 2020 slogs detta rekord med råge då en mer än 25 årig råka hittades utanför Lund. Det blev inte bara svenskt rekord utan även europeiskt.

Det normala förloppet är att de handuppfödda ungarna klarar sig på egen hand i mitten eller slutet av juni och sedan inte håller kontakt med mig men det finns individer som bryter mönstret. Kajsa Kavat var en av dem. Kajsa var mitt första rehabiliteringsobjekt, det var hon som botade min fågelfobi och väckte mitt intresse för råkor. Råkungen Kajsa Kavat kom som en stor överraskning så dagliga anteckningar om hennes utveckling hade jag ingen tanke på under Kajsas första tid. När jag något år senare träffade Kalle, som också var mycket speciell, passade jag på att föra dagbok över hans liv.

Kalles dagbok i korthet för maj månad såg ut som följer:

18 maj Kalle hittades vid lunchtid och placerades i en syrenbuske. Kalle fick två mål mat under eftermiddagen och tre mål under kvällen. Spillningen ok, lite "svältränder" bland stjärtfjädrarna. Mörkt rött gap och klara runda ögon.

19 och 20 maj Kalle hade god aptit och satt stadigt på sin gren i syrenbusken.

21 maj Kalle började flytta runt i syrenbusken. Hoppade mellan grenarna. På kvällen hade han kommit så högt upp i busken att jag inte kunde nå honom. Kalle vägrade hoppa ner så något kvällsmål blev det inte.

22 maj Kalle vägrade komma ner till frukost och lunch men gav upp på kvällen och åt två ordentliga mål.

23 maj Ingen frukost och lite till lunch men tre ordentliga kvällsmål. Kalle hoppade ner på en gren så jag kunde nå honom efter mycket lock och pock. Allt mer rörlig.

24 maj Kalle tog sina första flygtag- 1,5 meter.

25 maj Kalle flög! Hoppade över alla målen.

26 maj Kalle tillbaka - jättehungrig. Bytt ut syrenbusken mot valnötsträdet bredvid.

27 maj Kalle alternerade mellan kolonin i parken och valnötsträdet. Tillbringade natten mellan den 26:e och den 27:e i kolonin.

28 maj Kalle blev ringmärkt. Han flög och åt bra.

29-31 maj Kalle mådde bra, åt duktigt och flög galant - mycket smidig - perfekta landningar.

Den 16 juni förenade sig Kalle helt med de andra råkungarna och drog omkring på födosök.

Kalles utveckling visar hur otroligt fort det går från det att en råkunge bara klarar att klamra sig fast på en gren tills dess den är helt flygg.

44

Det har blivit många råkungar under årens lopp - en del var speciella, en del mycket speciella men alla var de fantastiska bekantskaper.

Jens B Bruun

Plutten sommaren 2019 CGL

Jens B Bruun

JANUARI

Redan i januari kan solljuset locka råkorna till kortare besök i kolonierna (häckningsplatserna). Det är lätt att få en känsla av att de inventerar årets behov av såväl reparationer som nybyggnationer. Höst- och vinterstormar raserar ofta en stor del av bona. Kanske är det bara en fördel att nya bon byggs eftersom diverse småkryp ofta övervintrar i bona och säkert inte är det bästa sällskap för nykläckta råkungar. Under gråa januaridagar, som kan vara betydligt varmare än en solig dag med frost, ses sällan råkor i kolonierna.

Tydligen är det ljuset och inte temperaturen som avgör aktivitetsnivån. Vinternätterna tillbringar råkorna tillsammans med andra kråkfåglar främst kajor. Ofta är det ett väldigt stort antal individer som vintertid har samma träddunge som övernattningsplats s.k. vinterkvarter. Råkorna anländer till vinterkvarteret i skymningen och flyger därifrån tidigt på morgonen för att ge sig ut på födosök. Enligt G. K. Yeates *The life of the rook* (1934) är vinterkvarteren ofta en av de största häckningsplatserna i området, det kan även, enligt honom, vara en träddunge som i äldre tider utgjort en häckningsplats. De råkkolonier som jag har följt har inte haft någon befintlig häckningsplats som vinterkvarter. Vinterkvarteren har varit på bekvämt avstånd från häckningsplatserna och liksom dessa varit stationära.

Under häckningssäsongen har råkorna vaktposter som håller uppsikt så att inga rovfåglar kommer nära kolonierna. Vaktposter under vinterperioden lär emellertid inte förekomma. Om man under vinter-säsongen ser att en råkflock som äter på marken har utspridda kamrater i träd och buskar i närheten är det lätt att tro att de är utposterade vakter. Gör man då experimentet med att visa sig för de förmodade

48

vakterna utan att flocken i övrigt ser en upptäcker man att "vakterna" flyger i väg och lämnar flocken utan att varna. En teori är att de råkor som man lätt kan uppfatta som vakter istället är råkor som är mätta och belåtna och därför dragit sig tillbaka från flocken.

Foto Jan-Åke Hillarp

FEBRUARI

Aktiviteten i kolonierna ökar efter hand under februari månad. Råkorna blir fler och fler och stannar allt längre stunder under dagen.

Det är allmänt känt att råkor lever i livlång monogami, d.v.s. livslånga förhållanden. Frånsett under häckningen är ett råkpar ständigt tillsammans enligt Franklin Coombs *The Crows* (1978). De följs åt på födosök, de flyger tillsammans till kolonin respektive vinterkvarteret etc. G.K. Yeates *The life of the rook* (1934) synes ha haft samma uppfattning men saknade belägg för att våga påstå detsamma.. Parbildningen sker redan på hösten innan den första häckningen. Råkor häckar första gången vid två års ålder. Man brukar säga att vägen till mannens hjärta går via magen. I råkvärlden tycks vägen till honans hjärta gå via magen. En viktig del av hanens uppvaktning består nämnligen i att stoppa godsaker i näbben på sin utvalda. Även social fjädervård är ett viktigt inslag i uppvaktningen.

Det är sällan man ser ett ensamt råkbo. Om det bara finns några få bon så är det antingen en koloni som håller på att etableras eller en koloni i utdöende. Råkan vill bo bland andra råkor och bildar större eller mindre kolonier. Fördelen med kolonihäckning är väl främst att det är lättare att försvara sig mot predatorer. Här tål det att påpekas att även småfåglar har stor nytta av att häcka under en råkkoloni genom det skydd de får till skänks av råkorna. Staffan Ulfstrand *Fågelekologi* (1978) lyfter emellertid även fram att synkroniseringen av häckningen är en stor fördel för varje enskild individ. Alla paren måste samtidigt skaffa föda för äggproduktion och ungmatning och kan då dra nytta av varandras upptäckter av var det går att hitta föda.

Jens B Bruun

Jan-Åke Hillarp

MARS

I början av mars månad brukar bobyggandet komma igång om det är tjänlig väderlek. 2007 började ett råkpar i Mellan-Grevie kolonin samla pinnar redan 2e mars men gav snart upp och väntade till 10e mars innan byggandet tog fart på allvar. Första övernattningen det året var natten mellan 23e och 24e mars. Året innan (2006) såg jag den första råkan med pinne i näbben 13e mars. 2006 års första övernattning var natten mellan 27e och 28e mars. Även andra år har det visat sig att bobyggandet kommer igång ungefär två veckor innan de första råkorna övernattar i kolonin. Bobyggandet fortgår under hela mars och då börjar på allvar larmet, skränet, livet i kolonierna. Råkorna har ordentliga röstresurser och många olika läten - de hörs vida omkring.

Hur väljer då råkan var i kolonin den ska häcka? Staffan Ulfstrand *Fågelekologi* (1978) hävdar att boplatser i centrum av kolonin är de mest eftertraktade och bebos av socialt högrankade äldre par. Detta låter logiskt men torde vara svårt att bevisa. Att råkpar gärna återvänder till samma bo år efter år har dokumenterats av såväl G. K. Yeates, *The life of the rook* (1934) som Franklin Coombs, *The Crows* (1978). Det är omöjligt att känna igen ett häckande råkpar om de inte har speciella kännetecken. I Yeates fall var det ett råkpar där honan hade vit haka och ett ovanligt kraxande läte som häckade i samma bo år efter år. Coombs iakttog en råka med onormal röst och som häckade i samma bo 1944, 1945 och 1946. Yeates hävdar också att de bon som blivit helt förstörda under vintern som regel inte återuppbyggs. Däremot är det inte ovanligt att råkor bygger på tidigare bon såväl i omfång som i höjd. Jag har själv påträffat gamla stabila kolonier som har haft lika många bon flera år i följd. Då kommer min fundering om råkorna byter upp sig bostadsmässigt inom kolonin och flyttar närmre och närmre centrum om det finns något ledigt.

Två råkfamiljer kan mycket väl leva bredvid varandra men aldrig över varandra och det är väl en naturlig följd av att råkans bo är helt öppet upptill. Kajor föredrar ihåligheter och skator bygger i princip bollformat medan råkan tycks uppskatta att ha fri rymd över sig. Dessutom är redan små råkungar väldigt noga med att backa till bokanten och lämna sin spillning utanför boet. Råkbon är stora i omfång och djupa. Det är lätt att få en känsla av att äggen läggs långt nere i bona och att ungarna därigenom blir skyddade för den värsta vätan och blåsten.

Torsten Malmberg skriver i *Skånes fåglar del II* (1996) att mycket talar för att en "råkklan" är centrerad till en ursprunglig kärnkoloni och när kärnkolonin är fylld så bildas satellitkolonier runt om. Detta låter logiskt. I äldre tider tror jag att kolonierna i regel var större än de är idag. Förmodligen beroende på att det förr fanns fler långa alléer och stora träddungar med lämpliga boträd som t.ex. alm. Idag har många av de dungarna och alléerna försvunnit medan nya trädmiljöer skapats såsom parker och trädplanteringar i städer och i andra tätorter. Råkorna har följaktligen fått hitta nya boplatser. Enligt Torsten Malmberg fanns det åtminstone fem skånska kolonier med över 1.000 bon under första hälften av 1900-talet d.v.s. innan råkorna drabbades av kvicksilverförgiftning på 1960-talet. Den största kolonin jag själv har påträffat är i Brunnsparken i Simrishamn med ca 200 bon. Idag är det vanligt att en koloni består av 20-40 bon.

Hur bygger råkorna då sina bon? Finns det lämpliga bopinnar på marken plockas dessa, annars bryter råkorna själva av kvistar i träden. Råkorna är väldigt nogräknade. Det är inte ovanligt att de plockar upp och känner på åtskilliga pinnar och kvistar innan de bestämmer sig för vilken som är lämpligast. De pinnar som funnit nåd flätas in i bona med den största precision. Vem av råkmakarna som bestämmer boplats och vem som betämmer hur boet ska byggas är inte lätt att veta. Det finns teorier om att hanen väljer boplats, båda makarna hämtar material och att honan är arkitekten. Det skulle inte förvåna mig om teorin stämmer men det är ingenting som jag själv lyckats iakttaga. Vad som däremot är lätt att notera är att pinnarna ibland, till och med ganska ofta, ratas när de väl flugits upp. Då är det bara för "transportören" att leta upp en ny pinne och så fortsätter det oftast under flera dagar. Själva transportsträckan upp till boet är förbryllande. Jag har inte lyckats hitta något om denna i litteraturen men själv iakttagit att råkan flyger upp mot boet i en vid båge - exakt samma rutt varje gång. Under färden ser det ut som om pinnen kontrolleras igen och ganska ofta kasseras den och släpps i luften. Möjlighet att stjäla byggnadsmaterial från grannen utnyttjas friskt och leder givetvis till högljutt bråk.

När väl själva stommen är klar så återstår det att fodra boet. Mossa duger bra. Överst bäddar råkorna med mjukt material som hår eller ull. Det kan även förekomma grässtrån i bädden. Jag har sett hur råkorna i princip har köat för att få päls från grannhundarna i Mellan-Grevie när dessa kammats ute. Grannhundarna var stora Berner Sennen hundar med gott om mjuk päls så det räckte säkert till många bon. Allra sist kan bona smyckas med t.ex. en kvist med lärkkottar. Trots att boet är byggt och äggen lagda fortsätter råkparen att bygga på bona och hålla dem i ordning. Det är tydligt att det inte bara är vi människor som lägger tid och omsorg på vårt boende.

Normalt börjar äggläggningen i slutet av mars, givetvis beroende på hur långt våren har kommit. Jag har under alla år jag studerat råkor trott att råkorna inte stannade kvar i kolonin på nätterna förrän det första ägget var lagt men enligt G. K. Yeates börjar de stanna kvar redan några dagar före äggläggningen. I början av säsongen är det bara ett fåtal råkpar som lagt ägg och stannar kvar hela dygnet, de andra övernattar fortfarande i vinterkvarteret. För varje dag stannar fler och fler par kvar och inom någon vecka har vinterkvarteret tömts.

Det troligaste är att en råkhona lägger tre till fem ägg. De få säkra observationer jag kunde göra i Mellan Grevie var bon med fyra ungar.

Jens B Bruun

APRIL

Under första halvan av april infinner sig ett lugn i kolonierna. Även om det repareras på en del bon så verkar stressen och hetsen från mars ha lagt sig. Det är honans uppgift att ruva. Jag har inte funnit någon uppgift i litteraturen och inte heller själv kunnat notera att hanen avlöser honan. Däremot händer det ofta att hanen landar på boet och vaktar det medan honan får sträcka lite på ben och vingar. När honan är tillbaka i boet igen lägger hon sig åter på äggen. Det händer att hon behöver städa upp först och kasta ut någon liten kvist som fallit ner i boet under hennes frånvaro. Hanens främsta uppgift under ruvningsperioden är att förse honan med mat.

Äggen kläcks efter 16-18 dagars ruvning. Omkring den 15e april brukar man höra de första spröda pipen från nykläckta råkungar. Enligt G. K. Yeates *The life of the rook* (1934) kläcks inte alla äggen samtidigt utan kläckningen sker under 2-3 dagar. Frankin Coombs skriver i *The Crows* (1978) att mer än 80% av äggen kläcks. De ägg som inte kläcks städar föräldrarna ut från boet men först några dagar efter att de andra äggen kläckts.

Nu börjar en intensiv och arbetsam period med födosök och matning för de häckande råkorna. Under ungarnas första 10-12 dagar ansvarar hanen ensam för att hitta tillräckligt med mat till ungarna, honan och sig själv. Sedan hjälps honan och hanen åt att mata ungarna. Mycket av råkföräldrarnas tid och energi läggs på att flyga mellan kolonin och platser att finna mat på. Det har visat sig att häckande råkor tappar upp till nästan

10 procent av sin vikt under perioden mars-juli. Under råkungarnas första veckor matas de uteslutande med proteinrik föda, huvudsakligen insekterer. I *British Birds* 1959 vol 52 s 332-334 har D Lockie särskilt nämnt daggmaskar, vivlar, jordloppor och spindlar samt ett fåtal harkrankslarver. (Harkrankslarverna är troligen för små att lätt upptäcka så tidigt på året)

Jag har under många år under sista halvan av april sett hur en stor flock med råkor landat i träd nära kolonin i Mellan-Grevie. Att det rör sig om "nya" råkor råder det ingen tvekan om. De första dagarna bildar de en egen flock som inte blandar sig med de redan häckande råkorna - de håller sig på avstånd. Vad jag förstår så är det flockar med såväl ettåringar som tvååringar. Ettåringarna lär knappast häcka utan finns bara runt sina artfränder i kolonin medan tvååringarna häckar för första gången. Ungefär en vecka efter ungråkornas ankomst börjar nya bon att byggas.

En intressant fråga man kan ställa sig när en koloni helt plötsligt får många nya medlemmar är råkans revir-tänkande. Råkans revir är i princip bara det egna boet enligt G. K. Yeates. Detta stämmer när det gäller nya råkor som flyttar in i en befintlig koloni. De blir accepterade så länge de inte gör intrång i någons bo.

Detsamma gäller för småfåglar, kajor etc. som häckar under kolonin.

Den enskilde råkans revir ska inte förväxlas med "kolonins revir" d.v.s. det område som alla har ett kollektivt ansvar för. När en hotande fara, t.ex. en rovfågel, närmare sig kolonin går ett stort antal råkor samman och hjälps åt att jaga iväg inkräktaren. Även ettåringarna som inte häckar själva hjälper till att skydda kolonin. På långt håll kan man höra höga, uppretade råkröster när en fara närmar sig. I kolonin i Mellan-Grevie sågs ofta en ensam råka sitta högst upp i kolonin och utgöra vaktpost. Ibland kunde man se vaktombytet men att förstå schemaläggningen var svårare.

Det inventeras och räknas råkbon årligen i flera skånska kommuner. Efter lövsprickningen döljs många bon så räkningen brukar ske i slutet av april. Det finns alltid bon som inte är färdigbyggda vid denna tidpunkt och ofta tillkommer det dessutom ytterligare enstaka bon. Förmodligen är det förstagångshäckarna som bygger så sent. En del av de senast byggda bona klarar inte vårvindarna och om teorin, att det är förstagångshäckare, stämmer så är det ju inte så konstigt.Att bygga ett stabilt bo kräver säkert erfarenhet.

Foto Jan-Åke Hillarp

Genom den årliga råkräkningen kan det konstateras att råkbeståndet i de inventerade kommunerna Malmö, Skurup, Burlöv och Lomma har hållit sig tämligen konstant under åtminstone de senaste 15 åren. I Vellinge kommun är beståndet konstant sedan 1990-talet. I Simrishamns kommun gjordes en inventering på 1990-talet och sen dröjde det till 2017 innan nästa inventering. Råkbeståndet var konstant i Simrishamns kommun också, möjligen en ökning med någon enstaka procent efter 27 år! Det är ofta man får höra att råkorna bara blir fler och fler - det sägs aldrig som något positivt. Det är svårt att bevisa motsatsen i de kommuner som inte inventerar men varför skulle råkbeståndet öka där, när det inte gör det i de inventerande kommunerna?

MAJ

Månaden börjar med en konsert av råkungarnas uppfordande rop på mat. Föräldrarna får verkligen slita. Under dygnets ljusa timmar är det en oavbruten jakt på föda. Det är stora mängder som dels ska hittas och dels transporteras till ungarna i bona. Andra veckan i maj brukar man se de första ungarna ute på grenarna runt bona. Enligt Franklin Coombs, *The Crows* (1978) lämnar ungarna boet när de är ca 32 dagar gamla.

I slutet av maj är de flesta ungarna ute och flyger. Efter hand vågar de sig allt längre bort från fälten i närheten av kolonin. Det är fantastiskt att se råkornas flyglekar i vindarna - att de roar sig råder det ingen tvekan om.

Jens B Bruun

Brita Berbig

JUNI

Det finns råkungar kvar i bona till mitten av juni även om de flesta lämnat i maj. Råkungarna som blev tidigt flygga har nu övergivit kolonin på dagtid och flyger allt längre bort. Man ser stora flockar som färdas flera kilometer på födosök. Flockarna består av både vuxna råkor och årets råkungar. Båda föräldrarna och deras ungar följs åt på dessa födosök. Råkungar börjar tidigt plocka på allt de har i närheten, de vänder på löv, rotar i gräsmattor, plockar med småsten etc. men hur länge det bara är på grund av nyfikenhet och inte systematiskt födosök är jag osäker på.

Enligt Franklin Coombs *The crows* (1978) börjar råkungar som hålls i fångenskap plocka upp föda åt sig vid ca 8 veckors ålder. Förmodligen gäller detta också för råkungar i frihet.

Jens B Bruun

JULI

Råkorna drar omkring flockvis på födosök men samlas under eftermiddagarna för gemensam hemfärd till kolonierna i skymningen. Ungarna följer med de vuxna råkorna och fortsätter gärna att tigga mat av föräldrarna ibland lyckas det, ibland inte. Trots att ett råkpar får gissningsvis i snitt fyra ungar är det sällan att mer än någon enstaka unge överlever sina första månader. Det är lätt att konstatera att ett råkpar på födosök bara har en eller två ungar med sig. Att ungar ramlar ur bona för tidigt är en orsak till dödligheten. Andra orsaker är rovfåglar och trafik. Vuxna kråkfåglar blir ytterst sällan dödade i trafiken eftersom de har förstånd att hoppa undan när något fordon närmar sig. För ungråkorna tar det några veckor att lära sig att undkomma bilar etc. För försvagade ungar är gapmask också en vanlig dödsorsak. Med hjälp av små mängder avmaskningsmedel för hund och katt under 3 dagar är gapmasken lätt att komma till rätta med. Det förekommer också infektioner och en del infektioner går att bota. Om medicinen verkar kan man se att ungen blir bättre redan efter några timmar. Att ungdödligheten är hög vittnar ju råkbeståndets storlek om. Den årliga råkinventeringen visar att råkorna inte ökar i antal utan är stabilt i de kommuner som inventeras.

Brita Berbig

AUGUSTI

I augusti fortsätter råkungarna att följa föräldrarna på
födosök även om ungarna börjar bli mer och mer
självständiga. Strax före mörkrets inbrott återvänder de
till kolonin. På långt håll hörs det att råkorna år på
hemväg. Först kommer de äldre råkorna och sen i en
eller flera mindre flockar kommer ungråkorna.

Råkorna börjar rugga d.v.s. de förnyar sin fjäderdräkt i
augusti. Gamla slitna fjädrar lossnar och nya växer ut.
En del fågelarter som t.ex. skator kan se ganska
skamfilade ut under ruggningen medan råkornas

utseende inte ändras nämnvärt. En fin fjäderdräkt är ytterst viktig eftersom den påverkar såväl förmågan att flyga som att hålla värmen.

För att avlägsna smuts och parasiter från fjäderdräkten badar de flesta fåglar regelbundet. Det vanligaste är att fåglar badar i grunt vatten, typ vattenpölar och fågelbad men t.ex. gråsparven tar sig gärna ett sandbad. Någon badande råka har jag aldrig skådat varken på foton eller i verkligheten. Efter mycket letande har jag dock hittat tre notiser om badande råkor. J. M. McMeeking rapporterar i *British Birds,* 1949, vol. 42 sid. 22 att han har sett en råka bada i rök från en skorsten. S. Cowdy har gjort en observation av råkor som badar i havet *British Birds,* 1958 vol,51 sid. 84-85. G. Geh har fått publicerat en observation av snöbadande råka i *Anzeige Ornithologische Gesichte Bayern,* 1964 vol 7 häfte 2 sid 202-203. Dessutom skriver P. R. Richards i Form*ation and Pair Bond Capative Rooks Bird Study* 23:207-211, 1976, att en av hans råkhonor badade dagligen utom under ruvningen och ungarnas tre första veckor.

Frågan är om om de flesta råkor nöjer sig med att bara plocka och putsa fjädrarna med hjälp av näbben eller om de har ytterligare sätt också att vårda fjäderdräkten.

Kanske räcker det med den väta som ihållande regn kan ge. Kråkfåglar, inte minst råkor, blir lätt genomvåta och kan se mycket ruggiga ut efter en längre regnskur. Effekten bör vara densamma som ett bad kan ge.

Fotoserie Jan-Åke Hillarp

72

SEPTEMBER

Under höstmånaderna hamstrar råkorna föda för vinterförsörjningen. Valnötter, hasselnötter och ekollon är typiska i ett råkskafferi. Valnötter har råkorna en speciell förkärlek för. Det enklaste sättet för dem att knäcka en valnöt verkar vara att flyga upp med valnöten i ett högt träd vid en asfalterad väg, släppa valnöten och låta bilarna köra över nöten, sedan är det bara att plocka upp godbitarna. Själva proceduren när de hamstrar föda och sen gömmer den, oftast genom att gräva ner den, är ett skådespel i sig. Känner de sig iakttagna så flyttar de födan och gömmer den på ett annat ställe. Det händer till och med att de låtsasgömmer för att förvilla en iakttagare. De är inte heller främmande för att plundra sina artfränders skafferi och bespara sig själva en massa arbete. För att fåglar ska ha nytta av hamstringen måste de vara tämligen stationära. Följaktligen borde det bara vara de vuxna råkorna och inte ungråkorna som hamstrar.

OKTOBER

I oktober eller ibland redan i slutet av september flyttar de råkor som föredrar att tillbringa vintern i frostfria områden utomlands. Flyttningen sker i stora blandflockar med andra kråkfåglar och består till största delen av ungfåglar.

På Falsterbo Fågelstation räknas flyttfågelsträcken årligen sedan 1973. Medel- antalet råkor som flög ut från Falsterbo uppgick till 8.449 st per år under åren 1973-1979. Sedan dess har medelantalet sjunkit och uppgick under åren 2010-2019 till 4.539 råkor. Det största antalet, sträcktoppen, inföll under sista veckorna i oktober. Alla råkor som flyger ut vid Falsterbo häckar inte nödvändigtvis i Sverige utan det kan också vara finska och ryska råkor som flyttar mot sydväst över Skåne.

Enligt P. Busse *Results of ringing of European Corvidae* (1969) övervintrar råkor från Sverige i främst Danmark, Nederländerna och sydöstra England.

Att råkor från Sverige ofta är vintergäster i Danmark från oktober/november - mars/april har visat sig av ringmärkning skriver Finn Salomonsen i *Danmarks Fugle* (1963).

En dansk ornitolog, som är verksam vid Gedser Fuglestation, rapporterar att han såg stora råksträck lämna Gedser för färd mot Tyskland under 1980-talet men att råksträcken under senare år i princip har upphört.

Frågan är om övervintringen fortfarande sker i England och Nederländerna eller huvudsakligen bara i Danmark. Under höst och vinter har Danmark besök av hundratusentals kråkfåglar som försvinner igen tidigt på våren.

De äldre råkorna är numera mestadels stannfåglar, förmodligen både beroende på att de har sitt revir- sin boplats - och sin sociala ställning i kolonins hierarki att bevaka. Erfarenheten lär dem att de har möjlighet att hitta föda på hemmaplan även under vintermånaderna.

Råkpar bildas i oktober året innan den första häckningen enligt en studie av P. R. Richards *Pair formation and Pair Bond in Capitive Rooks* (1976). Råkor häckar första gången vid två års ålder. Råkhanar sjunger för att locka till sig en hona men inte en speciell hona utan hanen vänder sig till alla honor i närheten. Richards är av uppfattningen att det främst är honan som väljer partner. Hon initierar uppvaktningen med att putsa fjädrar på hanen och låter sig själv putsas. Paret är bildat när honan låter sig matas av hanen. Richards studie bygger på råkor i fångenskap men råkor i frihet torde uppvisa samma beteenden.

Kenneth Bengtsson

NOVEMBER

På dagtid besöker råkorna stundtals kolonin. Vackra höstdagar kan man se flyglekar och parningsbeteenden som påminner om beteenden under våren. Efter lövfällningen övernattar de inte längre i kolonin utan tillbringar nätterna i ett s.k. vinterkvarter som är gemensamt för råkor från flera närliggande kolonier. Sent på eftermiddagarna samlas råkorna i sina egna kolonier och blir sen hämtade av råkor från andra kolonier. Gemensamt flyger de sedan till nästa koloni och hämtar upp o.s.v. De råkor vars koloni är närmast vinterkvarteret blir hämtade sist. Färden går till något fält nära vinterkvarteret där de sammanstrålar med råkor från ytterligare kolonier som haft en annan flygrutt. De samlas på samma fält kväll efter kväll. Råkorna går omkring och söker föda och allt är lugnt och tyst. Efter ungefär en halv timme flyger allihop plötsligt in i vinterkvarteret. Till att börja med är det ett väldigt oväsen innan, vad jag förmodar, alla har hittat sina respektive och sina övernattningsplatser. Råkorna övernattar i par. Efter en stund lägger sig tystnaden och friden över vinterkvarteret. På morgonen, redan i gryningen, lämnar råkorna vinterkvarteret under larm och skrän. Sen går färden i motsatt riktning mot kvällsturen för avlämning vid koloni efter koloni. Vinterkvarteren används ända fram till mars månad och är liksom kolonierna stationära.

Foto: Jan-Åke Hillarp

DECEMBER

Vintern med kyla, stormar och korta dagar för födosök är en svår period för alla fåglar. Det verkar emellertid inte vara vanligt förekommande att råkor dör av svält under vintermånaderna. Råkan har fördelen att vara allätare och har därför lättare än många andra arter att anpassa sig efter rådande födotillgång. Den föda som hamstrats och gömts under höstmånaderna kan också vara ett viktigt tillskott. Dessutom flyger råkorna omkring i stora flockar för att leta mat och har nytta av varandras upptäckter av födoställen. Vinterflockarna, som är betydligt större än höstflockarna, bildas samtidigt med att råkorna samlas i stora mängder i vinterkvarteren. I flockarna ingår inte bara råkor från den egna kolonin utan många andra råkor och även kajor och kråkor.

På vintrarna växlar, enligt J. Pinowski *Factors influencing the number of feeding Rooks in various field environments (1959),* råkornas födosök på naturlig gräsmark, stubbåkrar och gödselstackar. Fågelmatningsplatser och tätorternas gator och papperskorgar har också blivit allt viktigare för råkornas vinterförsörjning.

" Det man lärt sig att förstå ,fruktar man inte längre."

Mme Marie Curie

SLUTORD Under hela min uppväxt och även i vuxen ålder plågades jag av mardrömmar om fåglar som kastade sig över mig. Förmodligen berodde drömmarna på en något närgången höna som skrämt mig i barndomen. Det var fasansfulla mardrömmar som resulterade i att jag skrek högt. Mardrömmarna som plågat mig i mer än 30 år försvann spårlöst och har aldrig kommit tillbaka efter sommaren med Kajsa.

Jag har med andra ord mycket att tacka råkorna för och försöker betala tillbaka genom att marknadsföra dem på mitt vis. Att striderna varit många är ingen hemlighet.

Det återstår många obesvarade frågor. Några svar borde man kunna få genom att ringmärka fler råkor. Vad jag är allra mest nyfiken på är var ett nybildat råkpar väljer att bosätta sig. Väljer de honans koloni eller hanens eller kanske en helt ny koloni? Min bok om råkornas värld börjar med ett citat av G. K. Yeates och jag avslutar gärna med att citera G. K. Yeates en gång till. Här följer slutorden i Yeates mästerverk *The life of the rook* från 1934 "Råkan kan aldrig kallas för en sällsynthet, om det nu är så att endast sällsynta saker väcker stort intresse, men om man skulle studera alla fåglar, om vilka väldigt lite är känt, skulle man inte hitta en art som är så fascinerande eller som tar i anspråk hela ens uppmärksamhet så mycket när man väl har börjat studera den. Om råkan är ett vanligt inslag i vårt landskap är det en ännu större orsak till varför vi skulle försöka veta mer om den."

Tågarpsgården vintern 2020
Catharina G Lundberg

Lund. den 25.7. 2002.

Till Katarina att användas
efter behag:

Råkor och golfbanor

I sen tid har råkan, den
svartglänsande, kolonibyggande
kråkfågeln efter stark nedgång
under biocidåldern återtagit sina
gamla domäner och erövrat nya.
Eftersom den proviantar på öpp-
na gräsmarker och är mycket
sällskaplig av sig träffas den ofta
i stort antal på golfbanor. Män-
niskan har sedan gammalt en
benägenhet att reagera mot djur
i stor mängd som invaderar kul-

82

turmark. Ofta går man automa-
tiskt ut i från att det rör sig om
skadegörande inkräktare.

Nu är det så att råkan är
en allätare som proviantevar till
50% i växtriket och till 50% i
djurriket. Den kan lokalt bli
besvärande för lantbrukare som
odlar gurkor, sockermajs och
rosenpotatis, men normalt torde
nyttan och skadan väga upp
varandra. På golfbanor torde
fåglarna mest ägna sig åt dagg-
mask och ollonborrars och har-
krankars larver, och någon
skadegörelse är det därför inte

83

fråga om Tvärtom utgör råk-
flockarna ett välkommet in-
slag på de artificiella kultur-
stäpperna under större delen av
året. Den som vill ha närmare in-
formation i ämnet hänvisas
till min lilla monografi om
råkan i Skåne: "Skånes fåglar
idag och i gången tid". Del 2. Sida
232-239. Lund 1996

Hjärtliga hälsningar

från

Torsten M.

Professor Torsten Malmberg (1923-2003) publicerade genom
åren åtkilliga artiklar om råkor och var med all säkerhet
Sveriges främste expert på råkor.